AF279710

A UN PASITO DE LA LUNA

Título original: A un pasito de la luna
Autora: Rocío Valderas
Redes sociales de la autora: @maestrasonadora
Diseño e ilustración: Paloma Rodríguez
Redes sociales de la ilustradora: @hellopalomaestudio
Publicado por Editorial Gusanillo 2025
Redes sociales de la editorial: @editorialgusanillo
Página web de la editorial: www.editorialgusanillo.es
Impreso y encuadernado en España
Código de Depósito Legal: V-1419-2025
ISBN: 979-13-87530-13-6

A todas esas niñas invisibles que,
con luz propia, terminan iluminando
el camino de las demás.

CAPÍTULO 1

Amanecía un nuevo día en la luminosa ciudad de Sevilla. Eran las siete de la mañana de un día escolar y Luna no podía dormir más. Estaba emocionada tras leer la noche anterior la noticia que contaba que Sara García Alonso había sido seleccionada por la Agencia Espacial Europea (ESA), en calidad de reserva, convirtiéndose así, en la primera mujer española con la posibilidad de ser astronauta.

A pesar de su corta edad, Luna tenía un sueño muy ambicioso: llegar a la Luna. Por lo que esta noticia significaba muchísimo para ella. ¡Una mujer astronauta! ¡Y española! Pensó que su sueño estaba un pasito más

cerca, la motivaba a seguir formándose y ansiaba crecer cuanto antes.

Aunque durmió muy pocas horas, no sintió cansancio al abrir los ojos de par en par. Necesitaba levantarse y leer más sobre Sara. Le apasionaba su trayectoria y estaba segura de que algún día llegaría a ser como ella. De hecho, ya compartían color de pelo, y eso le encantaba. Nunca le había gustado su tono anaranjado, pero desde que vio sus fotos, se quiere un poquito más.

Fue corriendo hacia el cuarto de sus padres, que ya estaban levantados dispuestos a empezar un nuevo día investigando para mejorar el mundo. Luna estaba orgullosísima de ellos. Ambos eran científicos que habían participado en la investigación de las vacunas contra el COVID-19, la cual había salvado miles de vidas. Eran un gran referente y los quería con locura.

—¡Papá, mamá! ¡Buenos días! —se abalanzó a sus brazos llena de energía— ¿Puedo coger un poco la tablet para conocer mejor a Sara?

—¿Qué Sara? —preguntaron sus padres al unísono.

—¡La astronauta! —gritó emocionada—. Bueno, casi astronauta. Pero es la primera mujer española elegida por la ESA como reserva para ir al espacio.

Sus padres la miraban entusiasmados. Sin duda, esta pequeña contagiaba sus ganas de saber y no podían negarle sus peticiones. Dichosa la rama que al tronco sale, pensaban en silencio.

—Solo un poco mientras hacemos el desayuno —le dijo su padre guiñándole un ojo.

—¡Yuju! Graciaaas, ¡os quiero!

Luna fue a toda prisa dando pequeños y graciosos saltitos al salón en busca de la tablet y empezó a navegar por la red. Descubrió que terminó bachillerato con matrícula de honor, que estudió biotecnología en la universidad de León y que había trabajado como asistente en el CSIC (un lugar súper importante dentro del gobierno de España) investigando sobre medicina del cáncer. El tiempo se le hizo muy corto cuando escuchó a su madre llamarla para ir a desayunar. Apagó el dispositivo, se vistió rápidamente y fue hacia la cocina.

—Luna, ¿cómo se presenta hoy el día en clase? —le preguntó interesada su madre.

—Bueno... Normal, imagino —respondió con algo de desgana. Cuando se trataba del colegio solía ser parca en palabras.

María, así se llamaba su madre, miró a Martín preocupada. Luna no terminaba de encajar en el colegio. Estaba tan sumida en sus libros e investigaciones que apenas jugaba con sus compañeros y compañeras. Ella había comentado que se sentía la rara de la clase: pelirroja, con pecas, ojos verdes, demasiado alta para su edad y con intereses de adultos. No era un combo muy popular en los pasillos de un colegio de primaria de Sevilla. En la ciudad donde reinaba el desparpajo, la alegría y la socialización, Luna se sentía totalmente fuera de lugar. Sin embargo, ella sí era alegre y jovial, y tenía mucho arte cuando se trataba de explicar sus trabajos, pero le costaba horrores hacer amigos, ya que pensaba que eran todos demasiado infantiles.

—Seguro que aprendéis algo súper chulo en la clase de Cono —la animó Martín dándole un beso en la cabeza.

—¡Ojalá! Hoy empezamos el tema de las máquinas y los inventos —dijo medianamente ilusionada.

Terminó de comerse la tostada de aceite con jamón, se bebió la leche y fue junto a sus padres andando al colegio. Luna no imaginaba que ese día cambiaría su vida para siempre.

CAPÍTULO 2

En el cole de Luna no sonaba un timbre para las entradas y salidas. Por los megáfonos se escuchaban canciones distintas cada semana. ¡Daba muy buen rollo entrar así a clase! Hoy entraban al son de *"La increíble historia del hombre que podía volar, pero no sabía cómo"* del grupo español Izal. Al ser una canción que hablaba del espacio, estaba entre sus preferidas.

Anduvo despacio hacia la fila mientras bailaba en su mente la canción, como solía hacer cada mañana para quedarse de las últimas. Sus compis se peleaban siempre por ser el primero y se enfadaban si uno le guardaba el sitio a su amiga. Luna pasaba de todos esos malentendidos, solo quería pasar desapercibida y evitar conflictos.

Pero a pesar de ello, siempre saludaba con una sonrisa a todo aquel que se cruzara por su camino.

Luna estaba sumida en la letra de la canción que dice: **"Cojo los mandos y cambio de rumbo y salgo de la órbita oscura y espanto..."** cuando de repente, escuchó una voz desconocida detrás de ella que la saludaba efusivamente.

—¡Holaaa!

Luna se dio la vuelta, sabiendo de antemano que no era ninguno de sus compis de clase. Debía ser una chica nueva, con un acento un tanto peculiar. No parecía para nada sevillana, ni siquiera española.

—¡Hola! ¿Cómo te llamas? —preguntó educadamente Luna. Estaba en lo cierto, no había visto nunca a esa niña por el colegio. Era espigada pero menuda, de estatura estándar para su edad, su piel y cabello tenían toques tostados con leves rasgos de nativos norteamericanos y su mirada azul grisácea escondían ilusión y una gran tristeza.

—Soy Halley, empiezo hoy en este cole.

—¡Ala! ¿Halley como el cometa? —dijo emocionada Luna.

—¡Sí! ¿Cómo lo sabes? Mis padres son un poco *geeks*.

—¿Geeks?

—*Sorry!* —dijo avergonzada— Pe-perdona. Mi español no es perfecto todavía y lo mezclo con el inglés. Vengo de Houston, una ciudad de los ***United States***.

—¡Qué guay! Pues yo entiendo perfectamente tu español —le sonrió Luna.

—¡Muchas ***thanks***! Tengo que perfeccionarlo, el español que aprendí en el colegio no era muy bueno.

La maestra Marisol apareció por un lado del patio y llamó a su alumnado para seguirla e ir a clase. Era un encanto de mujer, amable, sensible, con un tono de voz muy agradable que además nunca elevaba. Conseguía mantener el aula a raya sin un solo grito, y era algo que su clase agradecía enormemente. Luna se sentía muy a gusto con ella, porque siempre la tenía en cuenta, al contrario que sus compañeros. La animaba a relacionarse cuando había que trabajar en grupo, y la felicitaba cuando hacía las cosas bien, que era casi siempre, pues era muy aplicada y se le daba genial hasta el momento. Le gustaba cuando le preguntaba por cosas de ciencias ya que Luna siempre tenía algo que añadir que había leído o visto hace poco. Era una maestra fantástica y no quería tener otra.

—Ya verás cómo te gusta Marisol, es muy buena con todos nosotros, incluso con los más charlatanes y graciosillos – le dijo Luna a Halley mientras caminaban a la clase.

—¡Qué gusto oír eso! Mi *teacher* en Houston era muy estricta... ¡Uy! Perdona, teacher en inglés es...

—¡Profesora! —la interrumpió Luna— No te preocupes, no tienes que traducirme siempre que se te escape una palabra en inglés. Yo te pregunto cuando no sepa algo, ¿te parece? Y así no tienes que parar de hablar.

—¡Qué amable eres Luna! Creo que tú y yo podemos llevarnos *great*.

Luna le dedicó una sonrisa de oreja a oreja, y su corazón por dentro se agrandó en milésimas de segundos al sentirse como nunca se había sentido con nadie. No sabía por qué, pero confiaba en Halley y tenía unas ganas tremendas de ser su mejor amiga. Aparentaba tener más edad que sus compañeros.

Entraron en el aula de 4ºA con un ruido ensordecedor. No podía entender cómo tenían ganas de hablar y gritar tan temprano. Tardaron unos cinco minutos o más en dejar los abrigos en los percheros y sentarse. Marisol a su vez preparaba el ordenador y se colocaba el micro para empezar cuanto antes. Al tener un tono de voz bajito lo necesitaba para que no le doliera la garganta, como les decía a menudo cuando el volumen de la clase era demasiado alto y tenía que forzar la voz para que la escucharan.

Los veinticuatro alumnos estaban sentados en grupos de cinco, exceptuando el equipo de Luna, que eran solo cuatro. Le dijo a Halley que se quedara a su lado para ver si las sentaban juntas. Sería lo más lógico, solo había que poner una mesa con su silla y serían un equipo de cinco como el resto.

La maestra se dio cuenta de la presencia de Halley cuando todos estaban ya sentados.

Era muy buena, pero también algo despistada.

—¡Holaa! Tú debes ser Halley, ¿no? ¿Lo he pronunciado bien? —le preguntó directamente.

—¡Holaa! **Yes**, sí, lo has dicho perfectamente, **thanks**. ¡Perdón! Hablo un poco de **spanglish**, intentaré corregirlo – volvió a disculparse avergonzada por decir palabras en su idioma natal.

—Nos encanta poder escucharte en tu idioma Halley, no tienes que pedir perdón por eso. Estos niños y niñas te entenderán. La maestra de inglés es muy exigente con ellos y aprenden un montón —la animó.

—Muchas gracias **teacher**.

Cuando pronunció esa palabra un grupito de la clase empezó a reírse, y Luna imaginaba la razón. Sofía, Carlos, Blanca y Gonzalo eran los "populares" de cuarto y no pasaban ni una. A la mínima se reían de cualquier comentario o acción que ellos consideraran "no guay", y el resto les seguían el rollo. La cara de Halley cambió de un tono luminoso a uno sombrío. Y es que no es plato de buen gusto llegar nueva a un centro sin conocer a nadie y que se rían en tu cara tras tus primeras palabras.

—*Teacher* es la maestra de inglés, la seño no da inglés, a ver si aprendemos a distinguir —murmuró Carlos.

Lo dijo muy bajito, pero lo suficientemente claro para que se enterara toda la clase, ya que por una vez estaban todos en silencio. Marisol miró directamente hacia él y le regañó por su comentario:

—Carlos, ya sabes que si lo que se va a decir no es más bonito que el silencio, es mejor no decirlo. Halley acaba de llegar y ya nos ha explicado que confunde los dos idiomas, es algo totalmente normal. A cualquiera nos pasaría si fuera al revés. Creo que deberías disculparte.

Carlos no daba señales de arrepentirse. Era un niño que todo lo arreglaba con "a mí me da igual" pero no quería alargar la llamada de atención de la profesora y cedió. Halley aceptó las disculpas, pero algo en su interior resurgió: el sentimiento de inferioridad que había tenido en sus cortos 9 años de vida había aparecido de nuevo.

CAPÍTULO 3

Como había previsualizado Luna, la maestra colocó a Halley en su grupo, y tuvieron la suerte de estar sentadas codo con codo. Marisol era muy observadora y rápidamente descubrió en Halley una niña muy parecida a Luna, su alumna más especial. Ambas desprendían un aura azul índigo, que, según estudios nada científicos, son personas calmadas con un talento innato, las cuales destacan en ámbitos artísticos y creativos. Y aunque Luna tenía más desarrollado el ámbito científico, también hay que poseer esa creatividad para tener éxito en la ciencia. La profesora estaba segura de que congeniarían a la perfección y podrían hacer buenas migas.

Primero tuvieron media hora de lectura. Por suerte era el día que tocaba lectura libre y cada uno podía llevarse el libro que estuviera leyendo en casa o coger uno de la biblioteca de aula. La seño Marisol había creado un espacio mágico en un rinconcito de la clase, con alfombra, cojines y una cortina translúcida a modo de carpa. Además, les prestaba todos los cuentos de su biblioteca personal y libros que leyó cuando era pequeña.

Halley desconocía esa rutina, ya que estaba recién llegada, y le pidió permiso a Luna para sentarse con ella y compartir lectura. Para su sorpresa, Luna estaba leyendo un libro en el que se explicaba por qué los planetas tenían nombres de dioses y personajes mitológicos, así como otras curiosidades del espacio. La nueva alumna estaba flipando, porque creyó encontrar a su alma gemela. En Estados Unidos jamás pudo hablar de ciencia seriamente con nadie de su edad.

—¿Este libro es tuyo, Luna? —le preguntó susurrando.

—Sí, me lo regalaron mis abuelos por mi cumple la semana pasada —confesó.

—*I love it!*

—Lectura silenciosa, chicas —recordó Marisol tranquilamente.

Las dos se miraron y sonrieron. Luna le hizo un hueco a su lado, y tumbadas se bebieron las páginas de los planetas Marte, Venus y Saturno.

Sonó el timbre y era el momento de matemáticas. Estaban dando las fracciones y era muy divertido, ya que podían experimentarlas con policubos y fracciones magnéticas. Eran unas clases muy dinámicas en las que aprendían jugando. A Luna le gustaba muchísimo, y pedía tarea extra cuando terminaba los ejercicios a tiempo.

Antes del recreo tuvieron inglés. Aquí Halley estaba más en su salsa y la maestra estaba muy contenta de tener una nativa en su clase. Practicaron *speaking* y *listening* que Halley superó con nota. Incluso observó algunos pequeños errores que cometió la profesora, pero era muy educada y no dijo nada, aunque ella hubiera aceptado los consejos de buen grado.

Llegó la hora del recreo y todo el alumnado salió escopetado hacia el patio. A su curso hoy le tocaba la pista de fútbol y niños y niñas disfrutaban de ese privilegio. Como ya habrás imaginado, Luna no era una de esas niñas que le gustaba darle patadas a un balón y meter gol. Ella prefería leer al sol, investigar en la tierra los diminutos insectos o ayudar a la profesora María con el huerto. En algunas ocasiones realizaba estas actividades con Vero, de 5º de primaria, que también le interesaban

las mismas cosas, aunque en muchos otros momentos también jugaba con el resto de sus compañeros de clase.

Luna y Halley se sentaron en uno de los bancos pintados con la bandera del arcoíris que estaba junto al huerto. Hoy no estaba la seño María, así que no podían hacer nada en él, pero sí podían disfrutar de las vistas y el olor que desprendían algunas plantas aromáticas sembradas.

Esos escasos treinta minutos de dispersión les sirvió para conocerse un poco más y darse cuenta de que eran muy parecidas.

—¿Por qué te llamaron Halley? – preguntó curiosa Luna a su nueva amiga.

—Mi **dad** y mi **mum** nacieron en 1986, que fue la última vez que se vio el cometa desde la Tierra, y los dos han trabajado muchos años en la NASA. Empezaron muy jóvenes porque eran unos cerebritos.

—Que ¡¿qué?! – le salió un grito ahogado de emoción. – Pero eso es una maravilla, ¡me flipa!

—**Yes**, bueno. Si eres su hija no es tan **cool**, ya que trabajaban demasiadas horas al día y apenas tenía contacto con ellos —se entristeció Halley.

—Ya... Eso lo entiendo. Mis padres son científicos y durante la pandemia tampoco los veía mucho. Estuvieron trabajando en la vacuna contra el COVID.

—¡Eso es *great* también! Son unos héroes —afirmó convencida Halley en su acento particular.

—Sí, sí, lo son. Pero cuéntame más de tus padres, ¿qué hacen en la NASA?

—Pues mi *dad* ha participado en la creación de los robots que se han enviado a Marte y lleva un tiempo trabajando en tres robots pequeños que se enviarán a la *moon* este año.

Luna no podía cerrar la boca de la emoción. Es lo más cerca que había estado de la Luna en su vida.

—¡Buah! Sí que tiene que ser un coquito para crear esos aparatos. ¿Y tu madre?

—Mi madre... Mi madre es la más *brave* de las mujeres que conozco. Ha visitado la estación espacial dos veces para realizar distintos *experiments*.

—¡¿Tienes una madre astronauta?! Pero, tú ¿de dónde has salido? —a Luna no le cabía más entusiasmo en el pecho.

—Pues de mi *dad* y de mi *mum* —bromeó Halley.

Ambas se echaron a reír sin parar. De lejos las observaba la seño Marisol, que estaba súper contenta de ver cómo Luna había congeniado con otra alumna, y a su vez, que la alumna nueva hubiera encontrado alguien con quien sentirse querida y aceptada su primer día de colegio en España.

Volvió a sonar la canción para avisar del fin de recreo y todos los cursos volvieron a las aulas ordenadamente en sus filas.

Sin embargo, 4ºA no duró mucho entre las cuatro paredes de la clase, ya que les tocaba Educación Física y salieron nuevamente al patio. Llevaban unos días practicando baloncesto y Luna estaba más motivada gracias a su nueva compañía. Pero a ninguna de las dos se le daba muy bien encanastar el balón y cada vez que fallaban, escuchaban risitas de los de siempre.

—¡No dais una! ¡Qué malas sois jugando! —dijo con desdén Carlos.

Luna y Halley se miraron disgustadas, pero no fueron capaces de plantarle cara a ese niño maleducado que gozaba de los aplausos y vítores del resto de compañeros que le hacían sentir imparable y el mejor de todos. El profesor parecía que no se enteró del comentario o hizo oídos sordos. La verdad es que era de los que pensaban que todo era cosa de niños y que no tenía importancia. Nunca le paraba los pies a Carlos o a sus secuaces cuando hacían bromas que no tenían nada de gracia. La maestra Marisol siempre nos recuerda que cuando la persona que recibe la broma no se ríe y le hace sentir mal, entonces esa broma ya deja de serlo, y se convierte en una acción de muy mal gusto. Sus palabras deberían grabarse a fuego en las mentes de todas las personas.

Al fin acabó la interminable hora de educación física tras la realización de diferentes juegos para mejorar la técnica en este deporte y Luna cogió a Halley con fuerza para asearse las primeras y llegar pronto a su clase favorita: Conocimiento del Medio.

CAPÍTULO 4

El ambiente estaba enrarecido. Por un lado, se palpaba la satisfacción de Carlos y sus secuaces al no haber obtenido respuesta por parte de las ofendidas. Este hecho hacía que su ego se volviera cada vez más grande. Pensaba que era invencible y que su mal comportamiento nunca tendría consecuencias, más allá de una bronca puntual o una visitilla al despacho de la directora.

Por otra parte, estaban Halley y Luna. No hablaron de lo sucedido, pero ambas sentían que no estaba bien lo que había pasado y la tristeza inundó sus corazones. Especialmente el de Halley, que guardaba un secreto del pasado que le daba vergüenza confesar.

Apareció por la puerta la maestra Marisol, encargada de impartir Cono. Cuando Luna la vio entrar, apartó de su mente los malos pensamientos y la angustia, pues estaba dispuesta a aprender conceptos nuevos, y así se lo hizo saber a Halley entre susurros.

—Me encanta Cono, aprendemos cosas muy interesantes y hacemos experimentos de vez en cuando. ¿A ti te gusta?

—Sí —dijo con la mirada perdida— En USA teníamos *science* y la feria de la ciencia.

Siempre participaba y quedaba de las primeras.

—¿Cómo en las pelis y en ***The Simpsons***? —Luna se emocionaba cada vez que Halley le contaba algo de su país.

—Jajaja yes, como en las ***movies*** —no pudo evitar contagiarse de su amiga y reír con sus ocurrencias.

Hoy empezaban el tema de las máquinas y los inventos. Luna deseaba con todas sus fuerzas que su profesora les invitara a investigar, experimentar y crear, pero no siempre se hacían realidad sus expectativas.

Después de ver un par de vídeos sobre los inventos que cambiaron la historia y otro de inventos españoles como la fregona, el sacapuntas o la silla de ruedas, la seño Marisol empezó a darles algunas instrucciones.

—Bien, hemos visto cómo los inventos han ido cambiando nuestra historia y nos ha facilitado tareas que antes eran más pesadas de hacer. Ahora será vuestro turno.

Finalmente, los deseos de Luna se hicieron realidad en esta ocasión. Sonreía de oreja a oreja sin parar de mirar a su maestra y a Halley.

—Por parejas, tendréis que investigar y hacer un boceto de un invento que nos ayude a resolver algún problema de la actualidad. El trabajo será escrito, con los materiales que necesitaréis, presupuesto y también podréis crear una maqueta del invento —siguió explicando Marisol.

Luna cruzaba los dedos por debajo de la mesa para que los grupos lo pudieran elegir ellos mismos. Le apetecía hacerlo con Halley, ya que estaba segura de que pondría de su parte, no tendría que hacer el trabajo ella sola y se les ocurriría alguna idea innovadora.

—Ahora os daré toda la información en una hoja que debéis conservar, pero primero, podéis elegir compi libremente. Recordad no dejar a nadie de lado —apuntilló la maestra.

—¡Bieeen! —gritaron al unísono todos los alumnos, incluida Luna, que no solía mostrar su entusiasmo con tanto ímpetu delante de sus compañeros.

Durante un par de minutos o tres hubo un gran revuelo en la clase, pues cada niño y niña iba en busca de sus amigos para formar el grupo de trabajo. Cuando pasó un tiempo prudencial, la seño Marisol silenció el griterío con una técnica que siempre funcionaba. Tocaba las palmas y nosotros tenemos que repetir. Lo hace varias veces hasta que el silencio reina en el aula. Tras comprobar que nadie quedaba solo, procedió a darles la hoja con toda la información desglosada que minutos antes había estado explicando.

Luna y Halley lo tuvieron claro desde el minuto uno, de hecho, nadie más se acercó a preguntarles si querían ser su pareja, por lo que hubieran terminado juntas de igual forma. Estaban felices de tenerse la una a la otra, a pesar de haberse conocido ese mismo día. Era la primera vez que Luna no quedaba en una esquina sola esperando ser la pareja de alguien hasta que la maestra terminara juntándola con otra alma solitaria.

—¡Qué bien que hayas venido, Halley! —se sinceró Luna— Si no te hubiera conocido, estaría con otro compi con el que no trabajaría a gusto del todo.

—Yo también me alegro de trabajar **with you** —le respondió sonriendo.

—¿Quieres venir a mi casa esta tarde para ir pensando qué invento hacemos?

—*Of course!* Pero antes tengo que decírselo a mis *parents*. Me recogen a la salida, ven y te los presento, así será más fácil.

—¡Genial! Mi madre también me recoge hoy, pueden hacerse amigas —le guiñó divertida un ojo.

Una vez compuestos los grupos y dada toda la información, la clase continuó como siempre, con breves explicaciones de la maestra y con trabajo activo por parte del alumnado. Cada uno volvió a su sitio y en próximas sesiones de Cono le dedicarían tiempo al proyecto encomendado.

Al fin llegaron las dos de la tarde y sonó el timbre de salida seguido de la misma canción de la mañana. Todos recogieron rápidamente sus libros, cuadernos y estuches para ser los primeros en la fila. Esta vez no hubo grandes peleas, algo sorprendentemente inusual. Como era de esperar, Luna era la última, pero en esta ocasión iba muy bien acompañada de Halley.

Siguieron a Marisol hasta la puerta de salida donde esperaban las familias ansiosas por recoger a sus peques. No podían salir sin avisar a la profesora y que esta se cerciorara de que cada uno se iba con el familiar autorizado, aunque siempre había alguno que corría a la puerta sin decir ni mu. Luna vio a su madre desde lejos, que hablaba con otra mujer que curiosamente le recordaba a alguien pero que no había visto nunca. Era de tamaño medio, morena, con ojos azules y una cara muy simpática que transmitía sabiduría y humildad.

—Esa es *my mum*, *teacher* —oyó decir a su amiga señalando a la mujer que estaba con su madre.

—Perfecto Halley, puedes ir con ella —saludó con la mano a la madre de Halley—. Tú también puedes salir Luna, a su lado está la tuya.

—Gracias seño, ¡hasta mañana! —le dio un pequeño abrazo de despedida. Las dos salieron riendo, pues no esperaban que sus madres estuvieran juntas.

—¡Hola, mamá! —Luna le dio un beso y un abrazo.

—*Hi, mummy!* —Halley hizo lo mismo con la suya.

—Veo que habéis hecho buenas migas —dijo María.

—¡Sí! Ella es Halley, ha llegado nueva al cole, es de Estados Unidos, nos hemos sentado juntas y vamos a hacer un proyecto de Cono —contó Luna casi sin respirar de la emoción.

—¡Ala! Qué de información tan rápido —rio María y se dirigió a Halley—. Hola bonita, soy María, la mamá de Luna. Encantada de conocerte y de tenerte por aquí.

—¡Hola! *I'm* Halley. Soy Halley, perdón, aún se me escapa mi idioma —volvió a excusarse por sus cambios de lengua.

—¡No importa! Te entendemos sin problema —fue la respuesta de María acompañada de una suave caricia en el cabello.

El ambiente creado era muy cercano entre las cuatro, y eso tranquilizó y agradó a las dos niñas.

—Luna, esta es *my mum*, Sally.

—*Hi, Sally!* Es un placer, nunca había conocido a una astronauta de verdad —dijo tímidamente Luna.

—*Hi, Luna!* Tienes un nombre precioso —comentó en un perfecto español con un característico acento americano.

A Luna le temblaban las piernas. Llevaba soñando con conocer a algún astronauta media vida, justo esa mañana estaba entusiasmada por la noticia de la astronauta española y ahora estaba hablando directamente con una en la puerta del colegio. ¡Era algo impensable!

—Señora Sally, ¿puede venir esta tarde Halley a casa para ir organizando el trabajo de Cono? —le preguntó educadamente.

—Llámame Sally, por favor. Por mí no hay problema, pero primero deberías preguntárselo a tu madre, ¿no crees?

Luna asintió y miró rápidamente con ojitos suplicante a su madre, la cual aceptó al instante. Luna no tuvo ni que abrir la boca.

—Serás bienvenida siempre a nuestra casa, Halley. Estoy muy contenta de que mi niña haya encontrado una amiga tan especial —mirando a su madre, añadió— podéis venir tu marido y tú también a merendar sobre las 5 y así nos conocemos mejor. Sé que es difícil aterrizar en un país nuevo y empezar casi de cero.

—Muchas gracias, María. Allí estaremos.

CAPÍTULO 5

Las tres horas que pasaron desde la salida del colegio hasta la quedada con Halley se le hicieron eternas a Luna. Habló sin parar con sus padres durante la comida. Afortunadamente estaban viviendo una época de menos presión en el trabajo y podían pasar más tiempo con su hija, aspecto que agradecía la familia entera. Martín escuchaba atento todo lo que relataba Luna, y miraba con ojos llorosos a su mujer. Le parecía increíble cómo había cambiado su pequeña en tan solo una mañana. Antes había que sacarle las palabras con un sacacorchos y hoy no había quién la callase.

A las cinco en punto sonó el porterillo. No podían ser más puntuales. Ni un minuto más ni un minuto menos.

Se notaba que eran personas de ciencias, y que estaban acostumbrados a los cálculos exactos, pensó inocentemente Luna.

Fue ella la que abrió la puerta del tercer piso y se asomó al descansillo para recibir a la familia recién llegada de América.

Cuando Luna los vio a los tres juntos se dio cuenta que madre e hija eran dos gotas de agua, exactamente iguales. Por ese motivo le sonó su cara al verla en la puerta de la escuela. El padre sin embargo era distinto, alto, muy delgado y rubio, con facciones más angulosas en el rostro, pero también transmitía sabiduría en su mirada.

—¡Bienvenidos! —gritó.

—***Thank you, Luna!*** —Halley le dio un abrazo como saludo.

Los invitó a pasar bajo la atenta mirada de sus padres, que esperaban pacientemente en el salón de la casa, el cual se veía desde la entrada si la puerta estaba abierta.

Tras las presentaciones de rigor, María y Martín colocaron sobre la mesita pequeña de la estancia la merienda para los seis: café, leche con cacao, té, pastas, bizcocho y algo de fruta. Parecía un auténtico festín, algo que le pareció raro a Luna, ya que no solían comer tanto a esas horas, y mucho menos azúcar. Su madre cuidaba mucho la alimentación de todos y el azúcar era algo que dejaba para ocasiones muy especiales. Sin duda, debía ser un momento importante para su familia también, aunque Luna no alcanzaba a entender la magnitud.

Las dos familias se conocieron un poco mejor durante la merienda. Los adultos hablaron de sus trabajos, y dejaron participar en la conversación a sus hijas. Luna y Halley eran dos niñas lo bastante curiosas e inteligentes que hacían preguntas muy interesantes llegando a aportar datos relevantes.

Pasado un tiempo prudencial de convivencia familiar, los progenitores animaron a las pequeñas a ir al cuarto de Luna para empezar con el proyecto escolar. Mientras iban felices al dormitorio, ellos se quedaron conversando animadamente. Aquello le produjo mucha alegría a Luna, porque sentía que podían llegar a ser todos grandes amigos. A sus padres también les vendría bien gente nueva con la que conectar, ya que estaban inmersos en sus trabajos y en ella. Sabía que andaban preocupados por su supuesta nula habilidad social y eso hacía que se dedicaran poco tiempo a ellos mismos. Luna también sabía que la situación podría cambiar gracias a la llegada de Halley.

Abrió con ganas la puerta de su habitación y su nueva amiga puso cara de asombro ante semejante despliegue de decoración. Y no era precisamente una decoración de princesas o cantantes guapos como tenía la mayoría de las niñas del mundo de su edad. No, parecía que estaban en el mismísimo espacio. Tenía un toque infantil, no podía ser de otra forma, pero a su vez, las paredes estaban cubiertas de posters de planetas, constelaciones y de una muchacha pelirroja con un logo que le recordaba a la NASA. La cama tenía forma de cohete y en el techo descubrió estrellas pegadas, de esas que brillan en la oscuridad.

—*Wow!* Me encanta tu cuarto, Luna. ¡Es *amazing*!

—¿De verdad? ¿No crees que está un poco recargado? —se avergonzó un poco.

—¡Para nada! Se nota que te gusta el *space*, y está todo colocado con mucho gusto.

—Jo, muchas gracias. Creo que eres la primera que lo ve y no se ríe...

—*Never* me reiría de algo así... Por cierto, ¿quién es esa mujer? ¿Es *family*? Tenéis casi el mismo color de pelo.

—¡Ojalá! Es Sara García Alonso, es una bióloga molecular española recién nombrada candidata a astronauta. Está en el turno de reserva de la ESA. Es mi modelo a seguir, a parte de mi madre, claro.

—*Incredible!* No me extraña que la admires tanto.

Luna le estuvo enseñando sus libros y juegos de mesa, porque no solo leía o estudiaba sobre el espacio o ciencia en general. Se le daban tremendamente bien los juegos de mesa con instrucciones complicadas y rebuscadas.

Estaba segura de que en un futuro no muy lejano podría jugar con Halley a todos ellos.

Más que trabajar en el proyecto se contaron toda su vida: sus gustos en comida, colores, aficiones, cómo eran sus rutinas diarias, sus libros y cantantes favoritos... Fue tal la conexión que sintieron las dos niñas que quisieron conocerse a la perfección ese mismo día que se habían visto por primera vez. Pero se fueron quedando sin temas de conversación y sin saber por qué, Halley terminó confesando aquello que le atormentaba y que Luna ya había intuido en clase. Ella le transmitía tal confianza que pensaba que podía sincerarse sin sentir vergüenza.

—Luna... Me gustaría contarte algo... —empezó a decir con un hilo de voz.

—¿Qué te pasa? – se preocupó al ver su tono y su expresión. No quería que nada se torciera después de la buena tarde que estaban pasando.

—Nosotros realmente no hemos venido a Sevilla por trabajo de mis *parents*. Bueno, sí van a trabajar *here*, pero vinimos porque yo necesitaba un cambio.

Luna escuchó atenta el relato de Halley. Fue totalmente desgarrador y triste. Su vida en Houston no fue un camino de rosas, a pesar de tener todo para que así fuera. Sus padres tenían un trabajo maravilloso, vivían en una casa enorme a la que no le faltaba de nada dentro de un residencial precioso e iba al mejor colegio de la zona. Sin embargo, los días en ese colegio perfecto eran una tortura para Halley.

Empezaron haciéndole el vacío en segundo de primaria. Ningún compañero se acercaba a ella para hablar y mucho menos jugar. Siempre estaba sola en los recreos, que ella aprovechaba para sentarse en un rincón a leer sus libros. No entendía a qué venía esa actitud por parte de sus compañeros, ya que en el primer curso no tuvo problemas y jugaba con prácticamente todos los alumnos de su clase.

En tercero los niños y las niñas van siendo un poco más crueles, y ya nos les bastó por ignorar a Halley. Ahora iban en su busca para reírse, ponerle la zancadilla e insultarla. Eso sí, siempre en puntos estratégicos invisibles a los ojos de los docentes que vigilaban el patio y los pasillos.

El carácter de Halley se fue agriando con el paso de las semanas, pero sus padres no se dieron cuenta al instante. Justo en esa época su madre estaba en una misión en la estación espacial, y su padre trabajaba sin parar. Halley quedaba a cargo de su abuela Charlotte y de su cuidadora, pero ninguna de las dos pudo sonsacarle la verdad a Halley respecto a sus cambios de humor. Se enfadaba con facilidad, a veces no quería comer nada y otras

arrasaba el estante de las chuches, quería estar sola en su cuarto y dejaba de pasar tiempo con su abuela. Lo que no dejó nunca fue sus libros, ellos fueron su salvación.

—¿Y por qué no se lo contaste a nadie? —preguntó interesada Luna.

—Me daba vergüenza... Pensaba que era my culpa, por ser como soy...

—¿Cómo eres? Te acabo de conocer, pero pienso que eres **amazing** —le guiñó un ojo queriendo trasmitirle cercanía y añadiendo un poco de humor con esa palabra en inglés, como hacía Halley cada vez que hablaba.

La pequeña norteamericana sonrió con la ocurrencia de Luna, a la vez que amargas lágrimas caían por su rostro. En otra ocasión le hubiera dolido aquella imitación de su **spanglish**, pero lo hizo con tanto cariño y dulzura, que sabía que no era una burla.

—Bueno, ¿y cómo se enteraron al final tus padres? –reanudó la conversación Luna.

—Aquello se fue haciendo cada vez más **bigger**. Ya no se conformaban con una simple zancadilla. —Ahora su llanto fue un poco más sonoro, pero se recompuso y siguió relatando. —Me esperaban en el **bath** y me daban pellizcos... Un día se les fue la mano y me golpearon contra el lavabo...

Luna no podía seguir escuchando esa historia. Recién se habían conocido, pero le dolía saber que Halley había pasado por semejante pesadilla en el colegio. Aun así, no la cortó, porque sabía que necesitaba sacarlo fuera y estaba agradecida por confiar en ella.

Aquel golpe contra el lavabo le dejó un gran cardenal en la frente y su tutora no pudo obviarlo. Tras muchísimas reuniones con ella, sus compañeros y su padre, finalmente llegaron a la verdad. Y fue gracias a una compañera de clase que no participaba en las atrocidades que sufría Halley, pero sí callaba y, por tanto, había sido cómplice todo ese tiempo. Pero finalmente supo reaccionar a estas barbaridades y hablar sin miedo a las represalias de los acosadores.

Su madre llegó de la estación espacial unas semanas antes de las vacaciones de verano y tras conocer lo ocurrido, decidió junto a su marido y su hija abandonar aquel lugar hostil y empezar desde cero en otro sitio.

—*And* así es como hemos llegado hasta *here* —terminó de contar Halley.

—Ahora entiendo tu cara cuando Carlos te hizo el comentario tan inoportuno —agregó Luna.

—Sí... Estaba ilusionada de empezar de nuevo, aquí nadie me conoce y creí que podría caer bien... —admitió Halley—. Pero ya veo que no es muy *different* a Houston.

—Marisol está muy pendiente del acoso en la clase, no sería la primera vez que habla con las familias para acabar con estas actitudes —intentó calmarla.

—¡Menos mal que di contigo!

Ambas se fundieron en un abrazo infinito. Era increíble cómo sentían que se conocían de toda la vida y solo llevaban unas horas siendo amigas. Las mejores. Necesitaban tener al lado a una persona que las entendieran con tan solo una mirada, y se habían encontrado.

De repente, Luna se separó de Halley exaltada y alzó la voz:

—¡Me has dado una idea, Halley! —casi se cae del susto inicial, no estaba acostumbrada a tanta espontaneidad.

CAPÍTULO 6

Luna fue corriendo a su escritorio para coger folios y lápices de colores. La historia de su amiga la había inspirado para crear un invento innovador que podría ayudar a muchos niños, niñas y adolescentes. Pero necesitaría la ayuda de Halley y que esta viera con buenos ojos su propuesta. A través de dibujos y algunos cálculos, empezó a explicarle atropelladamente.

—¡Creo que podemos crear un artilugio que ayude a parar el acoso! – empezó diciendo Luna.

—¡Eso sería *wonderful!* Pero... ¿cómo? —preguntó Halley.

—Primero había pensado en una cámara, pero eso ya existe y no me gustaría que grabara en los baños, así que descartado.

—¿Entonces?

—Si pudiéramos crear un dispositivo pequeñito que detectara abusos en cualquier parte del colegio, sería ideal.

La idea le fascinó a Halley. Había sufrido tanto en su colegio americano que estaba dispuesta a hacer cualquier cosa que estuviera en su mano para que nadie más pasara por lo mismo.

—*Oh, yes!* —se animó Halley— Podría estar conectado a otro dispositivo u ordenador, y que pitara para avisar. *But...* ¿cómo lo detectaría?

—¡Con un programa que detecte insultos, amenazas y ruidos extraños, como gritos, llantos o golpes!

—*I love it!* Y aparecería el aviso a la directora a través de una señal GPS para que sepa desde que punto del *school* está ocurriendo y pueda ir a pararlo.

—¡La cara que se les quedaría a los abusones! ¡Pillados in fraganti! —rieron con ganas al imaginar a Carlos y a sus amigos sin opciones de meterse con nadie más.

Sin duda, las dos se complementaban estupendamente y se retroalimentaban de las ideas de la otra. El proyecto era muy ambicioso, demasiado quizás, pero ellas estaban ilusionadas, y con ilusión y ganas se consiguen muchísimas cosas.

Sabían que tendrían que trabajar duro para conseguir un dispositivo que funcionara adecuadamente. Ya no les importaba la nota de Cono, pensaban como auténticas científicas, que solo buscan mejorar la sociedad y el bienestar de las personas con sus investigaciones e inventos. Una futura astronauta como quería ser Luna y una futura bióloga molecular como era el sueño de Halley, podrían con todo.

Toc toc

Llamaron a la puerta que estaba entreabierta y las niñas se sobresaltaron.

—¿Se puede? —dijo María, la mamá de Luna.

—¡Sí! —dijeron al unísono.

Detrás de María entró Sally, y sus caras fueron un poema al ver el suelo del cuarto. Estaba cubierto de papeles llenos de dibujos, lluvias de ideas y números. Luna y Halley miraron a la misma dirección que sus madres y solo entonces se dieron cuenta del desorden. ¡Parecía una pocilga!

—Perdón mamá, ahora recogeremos todo. ¡Lo dejaremos como los chorros del oro!

Halley empezó a reírse, le hizo muchísima gracia aquella expresión. No sabía qué significaba "chorro" pero cómo la pronunciaba Luna con su acento sevillano era muy divertida. Luna, en lugar de enfadarse, la acompañó con el pavo que le había entrado a Halley.

—Halley, tenemos que irnos ya, es muy tarde y se nos ha pasado nuestra hora de la cena —comunicó su madre.

—¿Ya, *mum*? Si apenas hemos podido hacer nada... —se quejó como cualquier niña que no quiere volver a casa.

—Sí, *darling*. Mañana os veréis de nuevo en el cole, ¡no te preocupes!

Las dos amigas se dieron un abrazo, no sin antes recoger los folios del suelo y colocarlos en el escritorio. Previamente acordaron que Luna los guardaría en una carpeta que habían llamado *"AppBusones"* en las que irían añadiendo todos los avances. Mientras ordenaban el cuarto, Sally se acercó a María para decirle:

—Tienes una hija maravillosa. Me alegra mucho que se hayan conocido. Hace mucho que no veía a Halley reír de esa manera.

—Ella también es un encanto, Sally. Esta amistad las va a ayudar enormemente.

Las dos mamás estaban felices de ver cómo sus hijas, por fin, tenían a alguien para compartir su día a día, sus inquietudes, gustos y manías. Las dos habían sufrido en silencio las peculiaridades de sus niñas. Sally se sentía culpable de haber estado a 400 km sobre la Tierra mientras su hija recibía acoso de sus compañeros de colegio, y no poder protegerla entre sus brazos. María llevaba años preocupada porque su hija no se relacionaba del todo bien con sus iguales. Prefería conversar con adultos, porque según en sus propias palabras, "son más maduros".

Dos situaciones diferentes, pero con un punto en común: Luna y Halley habían estado solas mucho tiempo, y ahora el destino las había unido para ir juntas de la mano hacia un futuro muy prometedor.

CAPÍTULO 7

Transcurrieron un par de semanas desde aquel primer encuentro en el patio del colegio. No hubo un solo día que no quedaran después de clase e incluso los fines de semana por la mañana. Había tanto que investigar y tanto que planificar que no querían perder ni un segundo.

Eso sí, no dejaron de lado las otras asignaturas, ya que eran dos niñas muy responsables, y sacaban tiempo para hacer la tarea y preparar los exámenes que iban teniendo.

Visto desde fuera, parecía que Luna y Halley no tenían vida más allá de los libros y los cálculos. Lo cierto es que, para ellas, ese era su divertimento, su forma de pasarlo bien. Se lo pasaban mejor indagando y descubriendo que jugando a la consola, a las muñecas o viendo la televisión, como el resto de los niños y niñas de su edad.

Fueron decenas los libros consultados y las páginas web visitadas, siempre bajo supervisión de un adulto, aunque ellas no soltaban prenda del gran invento que tenían entre manos. Los padres de ambas intuían algo por la información que recababan, pero no sabían sus planes a ciencia cierta.

Una de las tardes en las que se reunieron a Halley le asaltaron las dudas y así se lo hizo saber a Luna con una notable mejora en su español.

—¿Crees que nos dará tiempo a tenerlo listo para la semana que viene?

—Ya lo tenemos todo bien atado, creo que sí podremos presentarlo —aseguró Luna.

—Solo debemos pedirles a nuestros padres que nos lleven a comprar el material y ¡ponernos manos a la obra con su fabricación!

La emoción seguía latiendo en sus corazones. Era un proyecto ambicioso para dos niñas autodidactas que soñaban con cambiar el mundo y hacer de este un lugar mejor. Estaban convencidas que su proyecto sería revolucionario y que sus razonamientos eran correctos.

Fueron corriendo hacia el salón de Halley, ya que en esta ocasión estaban en su casa. Allí estaban los cuatro progenitores conversando, los cuales se habían hecho muy amigos gracias a las niñas. Ellos también necesitaban esa desconexión del trabajo, aunque al ser cuatro cerebritos, no podían evitar terminar hablando de ciencia. Luna y Halley tenían a quien salir. De tal palo, tal astilla, como decía siempre la abuela materna de Luna.

—*Hi people!* —saludó Halley con un abrazo a María y Martín.

Luna hizo lo mismo con sus padres y aprovechó para empezar el camelo sacando su mejor sonrisa y poniendo ojitos de gatito adorable. Sabía que su padre nunca se resistía a esa mirada y a sus adulaciones.

—Papi... Necesitamos ir a comprar unos materiales para nuestro trabajo... —empezó a decir con voz melosa.

—Ajam... Ya veo por dónde vas pequeñaja... Necesitas un taxista ¿no? —bromeó Martín con su hija.

—Un taxista no, una persona de confianza que nos asesore —volvió a sonreír de oreja a oreja pícaramente.

—¡*We* pagaremos todo! —se apresuró a decir Halley— Hemos hecho un presupuesto y si no nos hemos equivocado, tenemos **enough** entre las dos.

—¡Verdad! ¡Sacaremos el dinero de nuestras huchas! —apostilló Luna.

Hubo risas de todos los presentes. A Halley se le estaba pegando el acento sevillano y el arte al hablar de Luna. Esto, unido a su spanglish, era muy gracioso para sus familias.

Martín no le podía negar nada a su niña, a su ojito derecho, pero le gustaba hacerle rabiar un poquito y que supiera que no siempre se consigue todo a la primera.

—Bueno, bueno —dijo con su media sonrisa característica— tengo que pensarlo y hablarlo con mamá...

Luna la miró para ver qué decía ella a la vez que le ponía también su carita de ángel pelirrojo. Pero su madre era más dura de convencer y se preocupó por un instante en recibir una negativa.

Las amigas no lo sabían, pero sus padres se habían adelantado a sus pasos y ya habían hablado de qué hacer cuando esto sucediera. María les iba a proponer una condición, que previamente ya habían consensuado entre los cuatro.

—Bien, veamos, señoritas —empezó su madre a hablar— os llevaremos a las tiendas que necesitéis...

—¡Bieeeen! —interrumpieron las dos saltando de alegría.

—¡Esperad, esperad! —continuó María— que no he terminado.

Los rostros de ambas automáticamente se ensombrecieron.

—Os ponemos una condición: tenéis que contarnos vuestro proyecto de *pe a pa*, con todas las comas y números usados.

—¡Ay, mamá! ¡Qué susto me has dado! —suspiró aliviada Luna— ¿Qué queréis saber?

—Absolutamente TO-DO —les guiñó un ojo.

Tanto Luna como Halley empezaron a relatarles su idea desde cero. La mamá y el papá de Halley no pudieron evitar abrazarse emocionados y derramar alguna lagrimilla. Revivieron aquella época horrible en la que su hija sufrió lo que ninguna persona debe vivir, pero estaban tremendamente orgullosos de la resiliencia y la determinación de su pequeña. Había demostrado una madurez inusual para su corta edad y había transformado ese dolor en una herramienta que podía salvar las almas de muchas niñas y niños.

Pero no lo había hecho sola. Luna tuvo la idea principal inspirada en su historia. Aunque ella no hubiera recibido un bullying tan brutal, entendía muy bien a su amiga y también se sentía fuera de lugar. Las dos tenían un gran corazón que usaban para hacer siempre el bien.

—¡Es un proyecto maravilloso! —acertó a decir Sally con lágrimas aún en los ojos.

—*Thanks, mummy* —dijo tímidamente Halley.

—Habéis soñado muy fuerte y lo habéis hecho fantástico. Viendo por encima vuestros cálculos y materiales, parece que vais por muy buen camino – añadió Tom, el discreto papá de Halley.

Las niñas no pudieron esconder su carita de ilusión máxima al escuchar las palabras de Tom. Que todo un ingeniero de la NASA diera el visto bueno a su trabajo de semanas era una noticia excepcional. ¡Podrían hacer realidad su sueño!

CAPÍTULO 8

Al día siguiente, fueron de compras con Martín y Tom. En esta ocasión, fueron los padres los que se encargaron de llevar a las niñas tienda por tienda y compartir así, un momento muy especial para ambas.

Caminar por Sevilla en primavera es una delicia. Con sus naranjos en flor dejando un dulce rastro a azahar, con esa luz que invita a estar siempre fuera de casa y con las decenas de tradiciones a la vuelta de la esquina. Sevilla en primavera es arte y magia, y ahora también era espectadora en primera fila del nacimiento de dos pequeñas inventoras que llevarán muy lejos el nombre de la ciudad, aunque ellas en ese momento no eran conscientes de ello.

Recorrieron sus calles de arriba abajo y de abajo a arriba buscando todo tipo de establecimientos. Desde ferreterías enormes hasta tiendas especializadas en alta tecnología. Lo primero que querían construir era el dispositivo físico que detectara a través del sonido y las palabras el abuso que se estaba cometiendo en ese momento. La segunda parte sería programar la aplicación informática necesaria para que dicho dispositivo sea capaz de reconocer los sonidos y las palabras exactas y dé la señal de aviso.

Sus padres las ayudaron en todo momento aconsejando sobre los materiales más resistentes y duraderos, no obstante, eran Luna y Halley las que terminaban decidiéndose sobre uno u otro. Era admirable ver cómo las pequeñas debatían sin imponer nada la una a la otra, sin malas caras ni palabras fuera de lugar. Una vez más, estaban demostrando una gran madurez para su corta edad.

Unas cuantas horas después, tras terminar con las compras, se sentaron en el borde de la fuente de la Plaza de España a disfrutar de un helado, ya que el incipiente calor primaveral y los más de quince mil pasos recorridos habían hecho mella en el grupo. Luna y Halley aprovecharon para hablar entre ellas mientras Martín aprovechaba para explicarle a Tom la historia de aquella emblemática plaza.

—Bueno, pues parece que ya lo tenemos todo Halley. ¡Estoy muy nerviosa!

—*Me too!* Es muy emocionante todo lo que estamos haciendo, aunque tengo miedo de que no salga *well*. –se sinceró.

—Sí... Yo también tengo ese miedo, pero tenemos que confiar en nuestro trabajo. ¡Tu padre nos ha aprobado el proyecto! ¡Un ingeniero de la NASA! —gritó muy emocionada Luna.

—*Silence!* —dijo riendo su amiga— Que se va a enterar todo el mundo.

Luna pensaba que a veces Halley se avergonzaba del trabajo de sus padres, ya que lo mantenía en secreto y no quería que la gente lo supiera. Luna no lo entendía. Ella, que soñaba con ser astronauta algún día, lo gritaría a los cuatro vientos. Es más, le faltaba tiempo para informar a cualquier persona de las hazañas de su madre y de su padre. Se sentía muy orgullosa de cómo ellos participaban de una forma tan importante en mejorar la vida de las personas y Halley debería hacer lo mismo. Es cierto que sus padres le habían dicho en numerosas ocasiones que todas las profesiones son importantes y dignas, y que no solo hay que alabar las científicas, pero Luna no podía evitarlo porque era su pasión.

Una vez terminado el helado, ambas parejas de padre e hija se dispusieron a continuar su camino hasta el bar en el que estaban las madres esperando para cenar todos juntos. Había sido un día lleno de emociones que daba pistoletazo al fin de semana en el que estaban haciendo real una idea.

—¡Hola, chicas! ¿Cómo ha ido la tarde? —preguntó María.

—*Amazing!* – respondió Halley. —¡Lo hemos encontrado todo!

—¡Sí, mamá! Estamos muy contentas porque llevamos todo lo necesario para empezar a montar. ¡Estamos deseando ponerlo a funcionar!

—¡Eso es maravilloso *my girls*! —apuntilló Sally, marcándose un *spanglish* como su hija que sorprendió a los presentes.

—Jajajaja Sally, te has parecido a Halley hablando mitad español mitad inglés —dijo riendo Luna.

Todos se contagiaron de la risa de la niña, incluida Sally, que tenía un gran sentido del humor. Hasta el momento no la habían escuchado hablar mucho en inglés, solo en momentos muy puntuales. Le gustaba hablar español con su familia delante de los demás por educación, y para practicar el idioma con el que estaba conviviendo diariamente.

Después de las risas y las bromas, pidieron unas cuantas tapas para compartir entre los seis. Es algo muy común en el sur y en España en general, que al principio chocó a los estadounidenses. María les comentó una vez que es una buena manera de probar más platos del mismo lugar y que creaba un ambiente de fraternidad entre los comensales. Esta explicación convenció a Sally y Tom, los cuales siempre estaban dispuestos a participar de las costumbres y tradiciones de la ciudad que los había acogido tan calurosamente, en forma de cariño y de temperatura.

Cuando terminaron, cada familia se dispuso a volver a sus domicilios. Había sido un viernes agotador y necesitaban descansar. El sábado y el domingo serían aún más intensos, ya que los dedicarían a fabricar y programar. Debían tenerlo listo para la semana siguiente, pues les tocaba exponer en la clase de Cono junto a sus compañeros.

Las niñas se despidieron como siempre, con un beso, un abrazo y unas palabras de aliento.

—¡Hasta mañana, Halley! Eres la mejor —comenzó diciendo Luna.

—¡Hasta mañana, *my friend!* —le respondió— Gracias por aparecer en mi vida.

Ambas se fueron de la mano de sus padres con el corazón contento y tranquilo, sabiendo que habían encontrado a alguien en quien confiar y con quien sentirse seguras.

CAPÍTULO 9

Llegó el lunes tras un fin de semana apoteósico. La casa de Luna se convirtió en un taller improvisado, lleno de herramientas y restos de materiales que habían sobrado.

Mientras una fabricaba el dispositivo físico, la otra se dedicaba a la programación de la aplicación. En esto último necesitaron la ayuda de Tom, que estaba más acostumbrado a los programas informáticos. Aunque Halley y Luna tenían algunos conceptos básicos gracias a la robótica que aprendían en su cole en clases extraescolares, esto les quedaba un poco grande.

Al principio quisieron hacerlo solas porque a las dos les daba coraje que sus compañeros presentaran trabajos donde las manos de sus padres y madres se veía a distancia y no lo camuflaban. Tenían la idea que si les mandaban un trabajo era competencia de ellas y de nadie más. De hecho, su maestra siempre les decía bromeando, pero con razón: *"¿A quién evalúo? ¿A tu familia o a ti?"* Y esta frase la tenía Luna grabada en su cabeza.

Sin embargo, se habían metido en un proyecto tan sumamente grande que fue inevitable pedir ayuda. Eso sí, Tom le explicaba los conceptos, y Halley era la mano ejecutora. Técnicamente, su padre no había hecho nada con sus manos.

Llegaron ese día a la puerta del cole al mismo tiempo y fueron tranquilas hacia la fila. Estaba sonando *"Unstoppable"* de la cantante australiana Sia, que les transmitió una energía brutal. La motivación que llevaban de casa se multiplicó por diez. A Halley le encantaba esa canción y empezó a cantar la parte que dice:

"I'm so powerful, I don't need batteries to play. I'm so confident, yeah, I'm unstoppable today". Que traducido al español significa: *"Soy tan poderosa, no necesito nada más para seguir. Tengo tanta confianza, sí, hoy soy imparable"*.

I'm so powerful...

La letra estaba escrita para ellas en ese momento. Se sentían poderosas y seguras por todo el trabajo realizado. Pero esa confianza se esfumó en cuestión de segundos, cuando Carlos, que estaba justo delante de las dos en la fila, soltó uno de sus comentarios. Pretendía ser gracioso para sus compañeros y compañeras, pero era, como siempre, hiriente para el que lo recibía.

—Si sigues cantando así va a caer un buen chaparrón. Pareces un grillo chillando —le dijo directamente a Halley.

Esta agachó la cabeza y dejó inmediatamente de cantar. Nuevamente sus viejos miedos la estaban paralizando y fue incapaz de responder a través de las palabras o gestos. Luna le cogió de la mano para decirle que no estaba sola, y ella sí tuvo el valor suficiente para defender a su amiga. Después de saber por todo lo que había pasado en su antiguo colegio, no estaba dispuesta a que le ocurriera lo mismo aquí.

—¿Y a ti qué más te da cómo cante Halley? Déjala tranquila —acertó a decir decidida, pero con un poco de reparo.

Carlos se quedó sorprendido. Era la primera vez que Luna se atrevía a contestarle de esa forma. La notó cambiada, más segura y eso lo enmudeció. Ahora era él el que no supo qué decir. No estaba acostumbrado a ser el expuesto. Miró a sus amigotes para buscar complicidad, pero se dio cuenta que muchos de ellos sonreían tras las palabras de Luna. Esto lo enfureció tanto, que finalmente optó por la opción menos acertada.

—Cállate tú, tonta —respondió enfadado dándole un pequeño empujón a Luna—. Te crees mejor que nadie porque tus padres son científicos. ¿No quieres ir a la luna? Pues ojalá vayas y nunca vuelvas.

Luna contuvo la respiración para no ser igual que él, pero tenía muchas ganas de devolverle el empujón. Sentía fuego por dentro y mucha ira. No llegaba a entender el comportamiento de su compañero y la maldad con la que hablaba. Ella nunca le había hecho nada a él ni a nadie de la clase. ¿Por qué le hablaba con tanto odio?

Por suerte, la profesora Marisol había llegado en el momento justo para llamar la atención a Carlos y llevarlo al despacho de la directora. La maestra no sabía qué hacer ya con él. Había hablado con su familia y con el propio Carlos varias veces, haciendo incluso un contrato de convivencia con él. Pero visto lo visto, nada funcionaba con el pequeño.

A Halley le seguían temblando las manos tras este desafortunado incidente. Era muy notorio cómo le afectaba lo ocurrido. Luna no soltaba la mano de su amiga, acariciándola suavemente para tranquilizarla.

—Halley, ahora estoy más convencida que nunca que nuestro proyecto es más que necesario y que vamos a ayudar a mucha gente —le susurró al oído—. Estoy muy orgullosa de ti, porque tienes una mente privilegiada, y un corazón de oro.

La besó en la mejilla y le dio un cálido achuchón.

—Gra-gracias... *My Moon* —fue lo único que pudo pronunciar mientras una lágrima caía por su rostro.

CAPÍTULO 10

El resto de la semana transcurrió con un aura confusa en clase. Por una parte, estaba Carlos, más comedido, pero con una mirada cargada de rencor y odio que asustaba a cualquiera que les mirara a los ojos. Había recibido su primer parte de conducta y en casa le habían prohibido cualquier dispositivo electrónico a los que estaba enganchado: nada de televisión, móvil, Tablet o videoconsola. Hasta el momento se había sentido intocable y reforzado en sus actos con las risas y las palmaditas en la espalda de sus iguales. Pero ver que le sonrieron a Luna cuando esta se atrevió a responderle delante de todos, le hizo dudar de su "poder" en la clase.

Por otra parte, estaban Luna y Halley. La primera se sentía fuerte y con ganas de mostrarle a su maestra y compañeros *"AppBusones"*, la aplicación y dispositivo creado para evitar las situaciones como la que vivieron el lunes a primera hora de la mañana. La segunda, mantenía un perfil bajo. Su confianza había caído, y aunque en esta ocasión su abusón sí había sido castigado de inmediato, no se sentía segura al cien por cien. Las heridas pasadas habían dejado demasiada mella en su joven alma, y necesitaba tiempo y ayuda para sanarlas.

Llegó el jueves, el día en el que tenían que exponer sus trabajos. Por el mismo orden que Marisol les había dicho con anterioridad, fueron saliendo a explicar sus trabajos de ciencias.

Primero fue el turno de Sofía y Blanca. Habían pensado en una canasta de baloncesto que tuviera un marcador integrado y fuera capaz de saber desde dónde se había encestado, sumando así puntos simples, dobles o triples. Su trabajo fue todo teórico, con la descripción de este y el presupuesto que les había pedido la maestra. No presentaron maqueta, pero sí un dibujo de cómo lo habían visualizado.

Luego les tocó a Carlos y Gonzalo que presentaron un aparatito pequeño hecho con cartón y goma eva que serviría para frenar las bicis de los niños pequeños en situaciones de emergencia. Luna pensó que era una idea muy buena y dudó por un momento de su proyecto junto a Halley.

Pareja por pareja fueron detallando sus ideas. Algunas más útiles, otras ya inventadas. Pero la mayoría se había involucrado en la tarea pedida ya que era una clase muy participativa.

A Luna y a Halley les tocaba en octavo lugar y les había llegado el turno. Por dentro estaban histéricas y emocionadas a partes iguales. Por fuera sus caras también transmitían nerviosismo. A Luna nunca le había incomodado hablar delante de sus compañeros, pero tras lo ocurrido a principios de semana, se sentía tensa. Halley no había remontado desde el incidente, estaba triste y sin ganas de nada a pesar de tener el sentido del humor y el apoyo diario de su amiga. No parecían estar en su mejor momento para defender aquello que tanto habían soñado y de lo que estaban tan orgullosas hace apenas unos días.

—Luna y Halley, os toca —dijo Marisol con su dulzura de siempre— ¡Tengo muchas ganas de ver qué habéis preparado!

Luna sacó el dispositivo de color negro de una caja de zapatos que había forrado previamente con un papel azul oscuro con dibujos de planetas y estrellas. El aparato en cuestión no era muy grande, pues no querían que se viera a simple vista, ya que eso alertaría a los abusones y procurarían buscar otro sitio libre de vigilancia para cometer sus agresiones.

Halley sacó unas tablillas hechas con cartón duro donde pegó la lista de materiales y el presupuesto que habían desarrollado en un principio junto al real, comparándolos en unas gráficas. Aprovecharon que en matemáticas habían trabajado los gráficos de barras para incluirlos en este proyecto.

Empezaron hablando con timidez, sin embargo, fueron cogiendo confianza cuando vieron la cara de aceptación y satisfacción de su profesora, y de algunas de sus compañeras. Tras la explicación de toda la parte teórica, Marisol se acercó a ellas y les preguntó:

—¿Este aparato funciona de verdad o es una maqueta, chicas?

—Funciona de verdad, *teach*... Seño —se corrigió a si misma Halley con vergüenza, aunque el gesto tranquilizador de la maestra la relajó.

—¡Qué maravilla! Y, ¿podemos ver una demostración? —demostró interés Marisol.

—Claro, seño. Pero necesitamos permiso para usar una tablet que hemos traído de casa. Ahí es donde tenemos la aplicación —le respondió Luna.

—¡Por supuesto que sí! Estamos muy intrigados por ver cómo funciona – les dijo con una sonrisa la maestra.

Ella ya sabía que tenían la tablet en clase, ya que las familias de las dos le habían escrito para pedirle permiso, que gustosamente les había concedido. Tenía confianza plena en sus dos alumnas y no quería perder la oportunidad de ver hasta dónde habían llegado, por su afán de superarse y su amor por la ciencia y la tecnología.

Luna sacó de su mochila el aparato electrónico que tenía apagado. Mientras se encendía, Halley aprovechó para explicar más detalladamente cómo funcionaba el aparato y qué palabras o ruidos captaba que eran susceptibles de estar presenciando un acto violento. Cuando estuvo preparada, Luna empezó a exponer su parte.

—Será una aplicación que podrá descargarse en cualquier dispositivo móvil que actúe como receptor del aparato principal, que es este de aquí – señaló el objeto cuadrado que sostenía Halley en sus manos.

—Se ha programado para que detecte *insults* y ruidos de golpes que existan dentro de una zona acotada —continuó Halley—. Cuando esto ocurre, manda una señal a la aplicación.

—Esta emite un sonido, como si fuera una llamada, y aparece un aviso con el lugar de donde provienen esos gritos o peleas. Por ejemplo, si yo empiezo a decir insultos a voleo, debería funcionar —apuntilló Luna.

Sin tiempo para reaccionar, algunos de sus compañeros y compañeras empezaron a lanzar insultos al aire: *"¡Tonto! ¡Imbécil! ¡Caraculo!"* y otras lindeces salieron de sus pequeñas bocas. Querían probar si el invento de los dos cerebritos de la clase funcionaba o se estaban quedando con todos. La maestra dejó vía libre y no envió su mirada aniquiladora del silencio para comprobar si el proyecto era un éxito.

Y de repente, de la tablet salió un ruido, como una alarma bastante ruidosa. Todos callaron y se quedaron con la boca abierta. Luna les mostró la pantalla con el aviso, que decía que el peligro estaba a cero metros de distancia, pues el aparato estaba allí mismo.

Hubo un silencio sepulcral por unos segundos. Marisol estaba anonadada con sus alumnas. ¿Cómo era posible que dos pequeñas de casi diez años hubieran creado este artilugio? A la vez, el resto del alumnado no creía lo que habían visto y oído. Luna y Halley se miraron. Sus miradas expresaban una gran alegría porque había funcionado a la primera, pero también de incertidumbre debido al silencio que reinaba en la clase. Podían ver la cara de Carlos llena de envidia y desprecio, el cual no soportaba lo que estaba sucediendo delante de él. Pensaba que su "reinado" de bromitas de mal gusto y terror llegaba a su fin si este invento lo llegaban a utilizar en el colegio.

Tras esos segundos de silencio que parecieron horas, un aplauso atronador despertó de la ensoñación a las pequeñas. Algunos se pusieron de pie y otros las vitoreaban. Su maestra no pudo evitar felicitarlas con un gran abrazo y haciéndoles saber lo orgullosa que estaba de las dos.

—¡Esto tiene que ir a la feria de la ciencia! —confesó con una sonrisa enorme—. Hablaré con vuestras familias para prepararlo todo. ¡Qué emoción!

Halley y Luna no podían creer lo que estaban experimentando. ¿Sus compañeros las habían vitoreado y aplaudido? ¿Acaso estaban en otra dimensión en la que son queridas y aceptadas? No sabían cómo reaccionar, pero sus caras se iluminaron con la tranquilidad que da saber que eres bien recibida y que has hecho un gran trabajo.

CAPÍTULO 11

Ese mismo día, Marisol habló por teléfono con Martín, María, Sally y Tom. Ninguno se opuso a la participación de sus hijas en la feria de la ciencia que se celebraría en un mes en la ciudad. Es un evento anual donde se unen centros educativos, universidades, empresas, museos y centros de investigación para dar a conocer sus proyectos de divulgación científica a la sociedad. Marisol apuntaba cada año a su colegio para participar ya que era una ocasión extraordinaria para acercar la ciencia a los niños y niñas a los que daba clase. Esta participación motivaba al alumnado en la asignatura, pues les encantaba pasar tres días enteros fuera del colegio con su seño exponiendo sus trabajos.

Por razones obvias, no fueron las únicas que representarían al colegio en la feria. La maestra tenía que darle espacio también a otras personas y ofrecer al menos dos o tres proyectos diferentes que habían trabajado juntos. Así que alumnos de cursos mayores las acompañarían con otras propuestas interesantes. Solo había un aspecto diferenciador: el invento de Halley y Luna había salido en su totalidad de sus cabecitas, sin ayuda de nadie, y el resto de los experimentos los había proporcionado Marisol.

Así mismo, el centro decidió poner a prueba el dispositivo, siempre con la autorización de las niñas y de sus familias. Lo iban cambiando de sitio semanalmente para tener conciencia de dónde sucedían más las peleas que no estaban a su alcance. Así también podrían llevar datos reales de su funcionamiento y efectividad a la feria. Hubo varios avisos, a los que la directora acudió de inmediato y se pudo solucionar los conflictos, que afortunadamente, no fueron muy graves. El equipo directivo y el claustro estaban muy satisfechos con la aplicación, pues les facilitaba el trabajo en gran medida.

Ese mes transcurrió con tranquilidad. Luna y Halley siguieron con sus libros e investigaciones, aparte de preparar un mejor discurso para la feria de la ciencia y pulir algunos aspectos que no les terminaba de gustar de *"Appbusones"*. A pesar de ello, hubo un pequeño gran

cambio en la actitud de sus iguales. Las saludaban todos los días, incluso por la calle, y a veces hasta se peleaban por tenerlas en sus grupos de trabajo. Aunque en un principio ellas no habían necesitado de dicha aprobación, les hacía sentir bien y poco a poco socializaban más en los recreos.

El que no lo estaba llevando nada bien era Carlos. Paseaba cabizbajo día sí y día también. La rabia que sentía dentro lo estaba consumiendo al ver cómo esas dos niñas habían pasado de no tener nada a tener la admiración de toda la clase y del colegio. Sus secuaces, Blanca, Gonzalo y Sofía seguían estando de su lado, pero no era suficiente para él. Necesitaba ser el centro de atención, que le rieran las gracias y por qué no, hacer una zancadilla de vez en cuando o empujar sin que nadie le viera. En el colegio se estaba controlando porque faltaban apenas unos días para volver a tener la play station y el móvil, y no quería echarlo a perder por si *"Appbusones"* lo delataba. Pero en su mente empezó a planear cómo echar por tierra esa maldita aplicación, y, por tanto, a sus creadoras.

CAPÍTULO 12

Llegó principios de mayo y se acercaba la fecha de la feria de la ciencia. Ese año se celebraría el 8, 9 y 10 de ese mismo mes en FIBES, el palacio de congresos de Sevilla. Los nervios de todos los participantes estaban a flor de piel y la emoción se palpaba en el ambiente.

Marisol lo vivía con una pasión desmedida. La ciencia era una de sus inquietudes y soñaba con transmitírsela a sus pupilos. ¡Y vaya si lo conseguía! Cada año acudían con mejores proyectos y ponentes a la feria. El alumnado se implicaba de lleno como en ninguna otra materia lo hacía, y es que cuando enseñas con ilusión, mostrando el amor que te nace por lo que estás haciendo, es mucho más fácil captar la atención y compartir sueños.

La maestra, Luna, Halley y el resto de las participantes lo tenían todo preparado. Usaron el aula de ciencias para guardar bajo llave el material que llevarían a la feria dentro de un par de días, incluido *"Appbusones"*. Nada podría salir mal con tanta planificación y cuidado como habían tenido hasta el momento.

Sin embargo, nadie había reparado en Carlos, que observaba desde una esquina del pasillo cómo almacenaban los enseres en esa clase. Se prometió fastidiar a Luna y a Halley, y no iba a parar hasta conseguirlo. No podía meterse con ellas ni pegarles, ya que la aplicación lo dejaría en evidencia, pero lo que sí podía hacer era robar el aparato. Eso no podría detectarlo, cumpliría con su cometido y las dos niñas harían el ridículo en la feria delante de cientos de personas. Solo de pensarlo se le hinchaba el pecho de ego y orgullo. Volvería a su estatus escolar y sería de nuevo el rey del lugar.

Quiso pedir ayuda a sus fieles amigos, pero tras pensarlo fríamente, decidió no hacerlo. Estas semanas descubrió que a pesar de seguirle el rollo como siempre habían hecho, estaban debilitándose y no se atrevían a seguir todas las indicaciones de Carlos. Para evitar que terminaran chivándose a la maestra, hizo el trabajo sucio en soledad.

El mismo día que comenzaba el evento más importante del año para la ciencia escolar en Sevilla, Carlos se coló en el aula de ciencia, no sin antes asegurarse de que estaba vacía. Minutos antes habían estado certificando que se encontraban todos los materiales y que no faltaba nada de nada. Eso cambiaría en cuestión de segundos.

Por suerte para Carlos, habían dejado la puerta encajada y pudo meterse sin hacer ruido. Rebuscó nervioso por todas las cajas el dispositivo y la tablet necesaria para que funcionara todo el conjunto. No se dio cuenta que

las cajas tenían nombre según su contenido, lo que hizo que se retrasara más de lo previsto.

—¡Ya te tengo! —gritó en su mente con ímpetu.

Guardó rápidamente el dispositivo negro cuadrado en su bolsillo y justo cuando tenía en sus manos la tablet, escuchó unos pasos acercándose acompañados de una conversación animada entre varias personas. Le dio tiempo de soltarla, cerrar más o menos la caja y esconderse en uno de los armarios del aula. El corazón les latía a mil por hora. ¡No podían encontrarlo! Si lo hacían, sus padres lo castigarían de por vida y su plan se iría al garete.

Entraron Marisol, Luna, Halley y Lucas, un niño de sexto que también iba a la feria. Ninguno se percató de la presencia de Carlos ni del movimiento que les había dado a las cajas. Cada uno cogió una y salieron con la misma charla alegre con la que habían llegado.

Carlos suspiró de alivio, y una risa malévola, nada acorde a su edad, salió de sus adentros.

¡Lo había conseguido!

Las repelentes de Luna y Halley llegarían al palacio de congresos sin nada que mostrar.

CAPÍTULO 13

Las familias de Luna y Halley las acompañaron en su primer día a FIBES. Fueron juntos en el coche de siete plazas que tenían Tom y Sally. Aprovecharon también para ayudar a la maestra Marisol a cargar algunas de las cajas.

Aquello era un hervidero de adultos, adolescentes e infantes que iban y venían por la nave que les habían preparado la organización. Cada colegio, universidad y empresa tenía su propio stand, y estaban colocando sus inventos y exposiciones.

Líquidos de colores extraños, globos de diferentes tamaños, volcanes en miniatura, robots de todo tipo y microscopios, entre otros muchos artilugios, inundaban la estancia. Se respiraba ciencia a cada milímetro que se andaba.

Luna y Halley estaban emocionadísimas. No era la primera vez que acudían a un evento de estas características. Tanto Halley en Estados Unidos, como Luna en ese mismo lugar, habían presenciado una feria de la ciencia. Teniendo padres y madres dedicados a este ámbito no era de extrañar. Pero sí era la primera vez que acudían como participantes y creadoras de un invento que había estado dando muy buenos resultados en su colegio.

Cuando les asignaron su puesto, que estaba bastante bien situado, se dispusieron a ir desembalando las cajas y prepararlo todo. Los alumnos de 5º y 6º necesitaban más tiempo ya que sus proyectos son experimentos caseros, uno llamado "el líquido piraña" y el otro "lámpara de lava" y tenían decenas de materiales para usar.

Ellas solo tenían que sacar la tablet, el dispositivo y las tablas informativas que habían preparado, colocarlo de forma ordenada y atractiva y estarían listas para recibir a otros colegios.

—Luna, ¿está ahí el aparato? —preguntó Halley preocupada.

—Mmmm, no... Aquí solo están las tablillas. ¿Qué ocurre?

—¡No está el dispositivo! Voy a llorar *a lot* —empezó a sudar agobiada.

—A ver, tranquila Halley, vamos a preguntarle a la seño. Igual ella lo ha metido en otro sitio para que no le dieran golpes.

Buscaron a Marisol que estaba ayudando a los mayores y juntas rebuscaron por todas las cajas que habían llevado. Después de un buen rato, decidieron llamar a sus familias, las cuales estaban esperando fuera para poder entrar cuando la feria abriera sus puertas al público. Nadie había cogido el dispositivo esa mañana ni lo habían visto.

Estaban todos muy nerviosos y preocupados por la situación. El gran invento con el que revolucionarían la feria de la ciencia había desaparecido y no tenían nada que mostrar.

¿Cómo era posible? ¿Se les habría caído por el camino? ¿Alguien lo había robado? ¿Por qué? ¿Qué sentido tenía?

Luna y Halley lloraban desconsoladas. Al fin y al cabo, eran solo niñas que, a pesar de ser muy maduras para su edad, también se frustran cuando algo no sale bien y a veces es difícil de gestionar.

En una hora aproximadamente arrancaba la vigésima segunda edición de la feria de la ciencia de Sevilla y el stand de la seño Marisol y sus alumnos estaba sumido

en la tristeza. Por más vueltas que le daban al asunto, no sabían cómo había pasado ni cómo solucionarlo. En un primer momento habían pensado en hacer uno nuevo, ya que tenían material sobrante en casa, pero era inviable por el poco tiempo del que disponían.

Luna y Halley estaban sentadas en el suelo compartiendo su pesar sin hablar, simplemente acompañándose mutuamente, cuando de repente, a una de ellas se le iluminó el rostro.

—¡Lo tengo! Ya sé qué podemos hacer —se levantó gritando de un brinco la pequeña Luna.

—¿Sí? *What?* —se contagió Halley del entusiasmo de su amiga.

—En el cole aún está el primer dispositivo que hicimos. Es un poco más grande que el que hemos hecho para la feria, pero funciona igual de bien. Creo que la gente piensa que es ese el que hemos traído, y está bien escondido en alguna parte. Vamos a preguntarle a la seño.

—*But...* No tiene las actualizaciones que hemos hecho. No va a ser igual —dudó Halley.

—Pero eso los visitantes no lo saben —le guiñó un ojo cómplice.

Luna cogió de la mano a Halley para ir donde estaba Marisol y preguntarle si podían ir a por el dispositivo que estaban usando en el centro. Ella les confesó que no sabía dónde estaba colocado, ya que eso lo organizaba la directora, pero hizo una llamada rápida y pudo decirles que la propia directora les iba a llevar el aparato al palacio de congresos donde se encontraban.

Las dos pequeñas saltaron de alegría. Por mala suerte o por malas intenciones de alguien, habían estado a puntito de no poder mostrar nada en el evento, y para ellas, eso hubiese sido un fracaso. Habían trabajado muy duro durante un par de meses y aún tenía el pellizquito de no poder exponer la versión mejorada de su invento, pero se conformaban con poder enseñar el primero, que tenía un valor especial.

La directora tardó unos cuarenta y cinco minutos en llegar. El tráfico en Sevilla era cada vez más tedioso y el colegio estaba en una zona alejada del lugar. Cuando la vieron entrar por las puertas corrieron hacia ella alumnas y maestra. La abrazaron con gran ímpetu y volvieron rápidamente a su puesto para dejarlo todo listo. Faltaban apenas quince minutos para que las visitas escolares y oficiales comenzaran. Había llegado incluso el alcalde de la ciudad para inaugurar la feria. La emoción y nervios de los participantes podía palparse en el ambiente.

CAPÍTULO 14

Tras unas palabras de apoyo del alcalde recalcando la importancia del desarrollo científico y tecnológico en la ciudad, y tras cortar la típica cinta de apertura con unas tijeras, dio comienzo la feria de la ciencia.

Multitud de niños, niñas y docentes se agolpaban en cada stand curiosos por conocer lo que tenían que ofrecer. Iban de un sitio a otro descubriendo experimentos, reacciones químicas o dispositivos electrónicos novedosos que ofrecían las empresas colaboradoras.

Luna y Halley esperaban ansiosas que alguien se interesara por su creación, pero la verdad es que la mayoría se iba a ver a los experimentos de sus compañeros mayores, pues eran más vistosos y llamaban más la atención.

Con la llegada del alcalde a su stand la cosa se animó, pues todo el mundo quería saber qué opinaba de cada puesto, por lo que iban siguiendo sus pasos. José Luis, que así se llamaba el gobernante municipal, se interesó en gran medida por *"Appbusones"*. Le resultó curioso el nombre y quiso saber más.

Las pequeñas se miraron por una milésima de segundo y así encontrar la seguridad y la tranquilidad que necesitaban para poder explicar su trabajo con claridad y sin trabarse. Era la primera vez que hablaban con una persona tan importante que, para más inri, estaba rodeado de cientos de personas.

—Buenos días señor alcalde —comenzó Luna hablando— *"Appbusones"* es un dispositivo con una aplicación integrada que pretende detener el acoso escolar en los centros educativos.

Miró a Halley para que continuara ella. Era un trabajo de las dos y así tenía que reflejarse. Aunque lo habían ensayado miles de veces, la realidad era que no se acordaban de quién decía qué.

—*This* aparato... Perdón, este aparato es capaz de detectar insultos y ruidos provenientes de una pelea o de una situación de abuso hacia un niño o niña.

—¡Qué interesante! —comentó el alcalde— ¿No eres de Sevilla, pequeña?

—No, soy de Houston, pero llevo unos meses viviendo *here*, aquí. - respondió Halley avergonzada por su *spanglish*.

—Pues hablas muy bien el español. Contadme más, ¿cómo funciona?

—Cuando el dispositivo capta esos insultos y ruidos manda una señal a la aplicación que deberá ser descargada antes en un móvil o una Tablet. Entonces suena una alarma indicando de dónde proviene la pelea —terminó de explicar Luna.

El alcalde se quedó pensativo, al igual que las personas que lo acompañaban. Les pidió si podían ver una demostración y ellas propusieron a los presentes que dijeran en voz alta algunos insultos. Los adultos se contuvieron para no decir palabras malsonantes pero los discentes que allí se encontraban se atrevieron con toda clase de insultos.

"¡Tonto! ¡Imbécil! ¡Caraculo!"

La Tablet empezó a sonar bien fuerte y en la pantalla aparecía el nombre del dispositivo que estaba captando esas palabras, así como a qué distancia estaba sucediendo.

—¡Qué maravilla! —las felicitó el alcalde— Es toda una revelación, esto puede ayudar muchísimo a otros niños y niñas. Por cierto, en la pantalla salen dos notificaciones, ¿no? ¿De qué son?

Luna y Halley miraron la Tablet, y efectivamente salían dos avisos. Uno del aparato que tenían en la mesa, y otro del que habían perdido, que, según la aplicación, se encontraba justo al lado. Miraron a su alrededor, observando, a la vez que respondían.

—Mmmm, es que tenemos otro dispositivo guardado por si este nos daba algún fallo —mintió Luna—. No lo habremos apagado y por eso ha saltado el aviso.

Mientras Luna hablaba con los asistentes, Halley se dio cuenta que un niño salía corriendo del barullo y fue tras él. No sabía quién era ni por qué tenía que seguirle, pero intuía que tenía que algo que ver con el robo del dispositivo. Lo alcanzó en pocos segundos, pues, aunque no era la mejor en educación física, tenía buenas zancadas. Lo agarró de la sudadera que llevaba y cuando se dio la vuelta, Halley se quedó sin habla.

—Ca-Car-Carlos —acertó a decir en tres tiempos.

—Qué pasa, ¿que no sabes decir mi nombre? ¿Eres tartamuda? —se defendió cínicamente Carlos tras haber sido capturado por la que él consideraba su enemiga.

Halley se bloqueó por unos instantes. Solo sabía observar a su compañero, y no llegaba a entender por qué la odiaba tanto, si ella no había hecho nada en su contra. Se dio cuenta que él la miraba con desprecio y que no sacaba la mano del bolsillo del pantalón. ¿Estaría ahí su invento?

—Mira, si te vas a quedar ahí como el enano mudito, mejor me voy, que la clase se va sin mí —dijo Carlos.

Dio media vuelta y empezó a caminar con supuesta chulería, pero por dentro suspiró por no haber sido descubierto. Estuvo a punto de chafarlo todo por no apagar el maldito aparato, pero era un dato que desconocía, no sabía que tenía un botón de encendido y apagado.

Halley observaba cómo se iba con la mano en el bolsillo, y en un descuido, sacó un poco el aparato negro para acariciarlo y asegurarse que seguía con él. ¡Había sido Carlos!

¡Había robado el dispositivo! Sin saber bien cómo, una fuerza la empujó para ir nuevamente tras él, le metió la mano en el bolsillo sin que pudiera reaccionar y cogió su invento.

—¡¿Qué haces?! —gritó Carlos dándole un empujón— ¡Dame eso, es mío! Halley cayó al suelo, pero apretaba con fuerza su mayor tesoro.

—No pienso dártelo, es **ours** y no tienes derecho a quitárnoslo. Además, ¿de qué te ha servido?

Carlos estaba enfurecido. Halley tenía razón. Se había arriesgado demasiado en robar el aparato para nada, ya que habían expuesto otro y hasta el mismísimo alcalde las había aplaudido. Para colmo, lo había descubierto la nueva de la clase. Estaba frustrado, no podían quitarle el puesto de ser el líder del colegio, y mucho menos dos niñas inventoras. Halley se estaba incorporando. En su interior estaba orgullosa por haber sido capaz de enfrentarse a su compañero, sin tener que usar la violencia física ni verbal, pero Carlos no pensaba igual, y se abalanzó contra ella.

Justo en ese momento, apareció Marisol, y evitó que Carlos terminara su acción. Se colocó en medio de los dos sujetando a Carlos para que no hiciera daño a Halley, y este pataleaba y forcejeaba para cumplir con su cometido. Por suerte, aparecieron los padres del niño y ayudaron a la profesora a mantenerlo a raya. Cuando Carlos los vio se vino abajo, sabía que le esperaba una buena reprimenda.

Marisol se preocupó por el estado de Halley, pero parecía estar bien. También le comunicó a la familia de Carlos y a este, que lo sucedido ese día tendría consecuencias. No estaban en el colegio, pero sí era horario escolar y estaba de visita con la clase, por lo que era responsabilidad y decisión del centro y de la tutora aplicar una consecuencia.

Halley volvió con su amiga al stand. Luna estaba ajena a todo lo ocurrido, pues tanto el alcalde como otros dirigentes y empresarios estuvieron un buen tiempo felicitándola por el gran trabajo realizado y haciéndole

bastantes preguntas. Halley le mostró a Luna el dispositivo perdido y esta la abrazó de alegría. No había mejor
gesto para Luna que un abrazo para demostrar todo tipo
de emociones. ¡Eran tan gratificantes!

CAPÍTULO 15

Transcurrieron los tres días de feria sin más imprevistos ni desgracias. Su invento había sido todo un éxito. Varias empresas se interesaron en el dispositivo y la aplicación para comercializarlo, pero se llevaron un no por respuesta. Ambas familias se habían puesto de acuerdo para patentarlo con anterioridad y ayudar a sus hijas con el dinero que generara para el futuro prometedor que estaban seguras de que tendrían.

El último día se celebró la gala de premios del evento. Era el primer año que se realizaban y el primer premio a la innovación tecnológica consistía en una beca de estudios en la universidad que eligieran los ganadores.

Luna y Halley estaban sentadas junto a sus familias y su maestra Marisol. Estaban muy nerviosas, aunque entre ellas comentaban que eran muy pequeñas para ganar. Había otros inventos mucho mejores que el suyo.

Una de las organizadoras subió al escenario para dar el discurso de clausura, agradecer la participación de todos los centros educativos, universidades y empresas y asegurar que este era un evento sin igual, donde pequeños y mayores se unen para hacer del planeta un mundo mejor. Tras unas breves palabras, le pasaron el sobre con el fallo del jurado y empezó a abrirlo con sumo cuidado para no romperlo.

Para Halley y Luna todo pasaba como a cámara lenta, y así reaccionaron cuando escucharon el nombre de las ganadoras.

—Y el primer premio de la vigésima segunda edición de la feria de la ciencia de Sevilla es para... *¡Appbusones!* de Luna Valera y Halley Williams. ¡Un gran aplauso!

María, Martín, Tom y Sally se levantaron chillando y abrazándose sin temor a ser el centro de atención por sus gritos de júbilo. Sus niñas lo habían conseguido. Esas niñas raritas para los demás, que les costaba hacer amigos y habían sufrido en silencio, habían ganado una beca de estudios con su arduo trabajo. No podían estar más contentos.

103

Luna y Halley se quedaron petrificadas. Pensaban que era una cruel broma más de la vida, pero cuando sus padres y su seño se abalanzaron sobre ellas se dieron cuenta de lo que estaba pasando. ¡Habían ganado! A pesar de las trabas en el camino, todo su esfuerzo estaba dando sus frutos. Se levantaron de un respingo y saltaron y gritaron junto a sus seres queridos.

—Halley, Luna, ¿podéis acercaros? —dijo por el micro la organizadora, que se le escapó una lagrimilla al ver la alegría desmedida de las pequeñas.

Las dos fueron dando saltitos de alegría y siempre cogidas de la mano. Recibieron un trofeo de metal con forma esférica y detalles de engranajes y circuitos con una placa en la parte inferior con sus nombres.

Lo alzaron al cielo como las campeonas de fútbol femenino en el mundial con un gran aplauso y vítores como sintonía de fondo. Allí estaban todos sus compañeros, compañeras, profesores y familiares. Todos unidos y felices por su logro.

EPÍLOGO

Después de este triunfo las cosas en el colegio cambiaron notablemente. Tanto Halley como Luna se relacionaban más con sus iguales, aunque seguían manteniendo sus intereses y jugaban poco en el recreo. Pero al menos las entendían mejor y aceptaban sus diferencias.

Carlos tuvo un castigo ejemplar por parte del centro y su familia por el robo del dispositivo y por la reacción violenta contra Halley aquel día en la feria. Acudía periódicamente a la psicóloga del colegio y le estaba viniendo muy bien. Estaba comprendiendo por qué actuaba de esa manera y estaba obteniendo herramientas para gestionar mejor su ira.

"Appbusones" empezó a difundirse por todos los centros públicos y privados de Sevilla teniendo resultados excelentes. La violencia y el acoso escolar había bajado considerablemente gracias a este invento. La prensa y la televisión se hizo eco de este hecho entrevistando a la maestra y a las familias, para así preservar la intimidad de las pequeñas, pero siempre dejando constancia que fue idea de ellas. En tan solo unos años, centros de todo el país usaban *"Appbusones"*.

Cuando les llegó la hora de poder usar la beca de estudios universitarios, cada una se fue a una rama distinta. Halley, tras mucho pensarlo, estudió biología molecular como su madre, y Luna no dudó ni un momento qué quería estudiar: ingeniería aeroespacial. Hizo la carrera en la Universidad de Sevilla, pero tras terminarla, pronto puso rumbo a Estados Unidos para seguir formándose.

Ambas, con su esfuerzo y tesón, terminaron trabajando para la NASA y aplicaron para ir en el próximo viaje espacial que estaban preparando desde hace años. Fueron seleccionadas tras un duro proceso de pruebas, y en unos años, cuando ya rondaban la treintena, se encontraban sentadas una junto a la otra en aquel cohete que estaba a punto de despegar. Una vez más, estaban cogidas de la mano. Esas manos que habían sido un lugar seguro con cada insulto recibido en el colegio. Esas manos que habían celebrado éxitos y fracasos a lo largo de sus vidas. Siempre juntas.

Sonaba aquella canción que las unió hace tantos años atrás, ***"La increíble historia del hombre que podía volar, pero no sabía cómo"***. Se había convertido en la banda sonora de su amistad y no podía faltar en un evento de tal magnitud. Era el momento con el que Luna había soñado toda su vida, y lo estaba compartiendo con la persona que le había salvado de una infancia en soledad. Gracias a ella y a aquel invento que crearon de niñas estaba ***a un pasito de la Luna***.